Pour Harmony et Marty

Numéro du livre dans la collection :

Textes de Bernard Brunstein

© Bernard Brunstein pour les illustrations - http://peinturedebernard.over-blog.com/

ISBN : 9782322081240

Deux contes pour enfants de Bernard Brunstein

Illustrations Bernard brunstein

*Natte à Ali

*La petite fille, l'oie et la poule

La natte à Ali, oui, Ali avez une natte qu'on appelait Nat'Ali. Elle nous venait de la bas, le pays où poussent des palmiers dattiers.
Ali était un petit garçon de 5 ans qui habitait Paris du côté des Buttes-Chaumont.
C'est sa tante qui, un jour, lui ramena du bled, cette natte tressée en feuilles de palmier.

Ce qu'Ali et sa tante ne savaient pas,c'est que cette natte était magique.

Un soir où il faisait très chaud, Ali dormait la fenêtre ouverte qui donnait sur le grand parc des Butte-Chaumont. Il entendit une voix lui dire: « Tu viens, on va faire un tour dans le parc ». Ali se réveilla en sursaut, alluma la lumière: personne.
« Ca devait être dans son rêve » pensa-t-il. Mais juste avant d'éteindre, la même voix lui dit: « Alors, tu veux faire un tour ». Ali regarda sous son lit, dans son armoire. Qui pouvait à une heure pareille lui faire une blague?

« C'est moi, la natte ».
Ali se pencha et c'était bien elle qui parlait.
« Comment fais-tu pour parler » demanda Ali.
« C'est parce que je suis magique. Assieds-toi sur moi et regarde.

La natte s'éleva dans la chambre. Ali s'accrocha à elle. « N'aie pas peur petit, je serais ton amie pour toujours si tu sais garder ce secret ».

Ali bégaya :« Ouiiiiiiiie, mais redescends, j'ai quand même un peu peur ». Natte s'exécuta et expliqua à Ali comment elle était devenue magique.

« Un jour dans mon pays tout la bas, j'ai été vendue à un marchand qui espérait faire des bénéfices sur moi et mes sœurs. Il nous traitait comme de simples tapis ».

Mais un jour, le dieu du vent Sirocco qui avait peut-être entendu mes prières, souffla très fort et nous emporta mes sœurs et moi loin de cet homme.

Je me suis retrouvée dans le domaine des dieux tout là-haut dans l'atlas.

Le dieu des dieux me dit: « Tu as prié si fort que nous allons te donner les pouvoirs de parler et de voler. Pour les conserver, tu devras rendre heureux un petit enfant. Va, vole et remplit ta mission ».

« Je suis partie à la recherche d'un enfant, mais pour cela, je me suis dit qu'il faudrait que quelqu'un m'achète. Je me suis installée sur l'étal d'une vieille marchande et c'est comme ça que ta tante Sophia m'a achetée ».

« Il faut dire que je l'ai un peu incitée, car je l'avais entendu dire qu'elle devait ramener un cadeau à son petit neveu. Voila, tu sais tout ».

« Alors, tu veux qu'on aille faire un tour dans le parc? »
Ali dit: « Oui, comment t'appelles tu? »
« Moi, c'est Natte. »
« Et moi, c'est Ali. Ah! je sais que tu le sais. »
« Alors, tu vas me servir de guide Natte à Ali »

« Allez, installe toi. » Et les voila partis au dessus des Buttes-Chaumont, la lune et les étoiles éclairant la promenade des nouveaux amis.

Et ce fut ainsi pendant des années et des années, jusqu'au jour où Ali devint un homme. Alors, un soir elle lui dit: « On doit se quitter, je dois continuer ma mission. Donne-moi à un enfant que je pourrais rendre heureux comme toi. »

Et c'est ainsi que Natte devint l'amie de Nat..acha

La petite fille l'oie et la poule

La petite fille, le soir pour s'endormir, se roulait en boule sous les ailes et le duvet de la poule et pendant ce temps l'oie racontait: « Il était une fois....

Une petite fille

qui s'appelait Brindille.

Elle n'avait comme amies qu'une oie et une poule.
L'oie s'appelait Mafois et la poule Roucoule.

Toutes les trois vivaient tout là-haut où les arbres sont beaux, où le ciel la nuit à la couleur étoilée et où l'on peut voir la voie lactée.

Brindille collectionnait les fleurs,
non pas celles que l'on cultive
pour avoir des couleurs vives,
Juste celles au parfum de bonheur.

Roucoule pourchassait les vers, déclamait des poèmes en vers et pendant ce temps Mafois préparait du gras foie.

Toutes les trois vivaient heureuses jusqu'au jour où, le vent mauvais Vertgris souffla. Elles devinrent peureuses et des nuages bleu gris envahirent le pays.

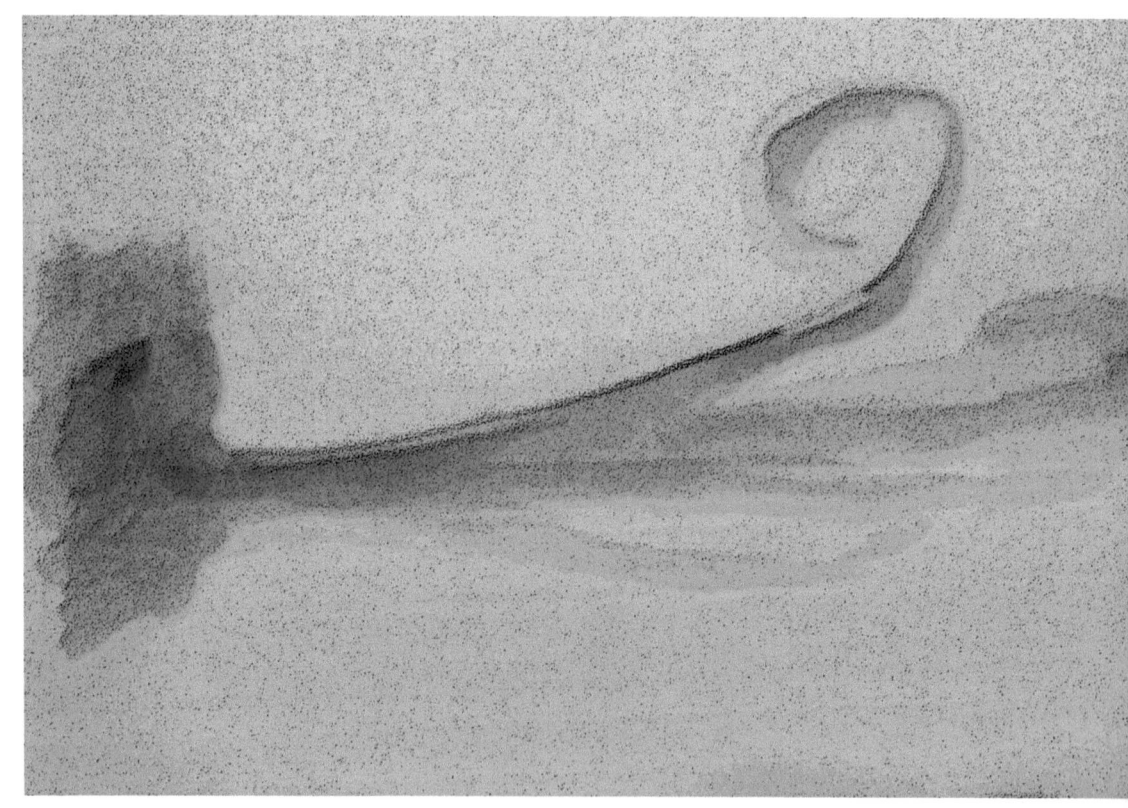

Ils s'installèrent comme des conquérants qui faisaient peur aux passants. Par des éclairs d'orage, ils éclairaient le paysage.

Brindille se morfondait: « Il fallait, dit-elle, se révolter. Retrouvons les couleurs du printemps. Mafois, Roucoule, j'ai un plan! »

« Appelons notre ami le soleil,

les étoiles et sa sœur la lune,

eux qui habitent le ciel

et qui se couchent derrière la dune.

Ils pourront faire fuir le mauvais temps, ils sont les maitres du vent ».

Et ainsi fut fait, Vertgris fut réprimandé et ne vint plus déranger Brindille et ses amies.

Elle qui n'avait comme amies qu'une oie et une poule, avait aujourd'hui le soleil qui brille et la lune qui joue le soir avec la houle.

La petite fille, le soir, se roulait en boule sous les ailes et le duvet de la poule et pendant ce temps l'oie racontait: « Il était une fois.... »

Editeur : BoD-Books on Demand, 12/14 rond point des Champs Élysées, 75008 Paris, France
Impression : BoD-Books on Demand, Norderstedt, Allemagne
ISBN :9782322081240
Dépôt légal :Juillet 2017